ÉTUDE

SUR LA VIE ET LES ŒUVRES

DE

LOUIS-CHARLES DE BELLEVAL

MARQUIS DE BELLEVAL

A PARIS

CHEZ J.-B. DUMOULIN

Libraire de la Société des Antiquaires de France

13, QUAI DES GRANDS-AUGUSTINS

—

1875

LOUIS-CHARLES DE BELLEVAL

MARQUIS DE BELLEVAL

PARIS. — IMPRIMERIE DE PILLET FILS AINÉ

5, RUE DES GRANDS-AUGUSTINS

ÉTUDE

SUR LA VIE ET LES ŒUVRES

DE

LOUIS-CHARLES DE BELLEVAL

MARQUIS DE BELLEVAL

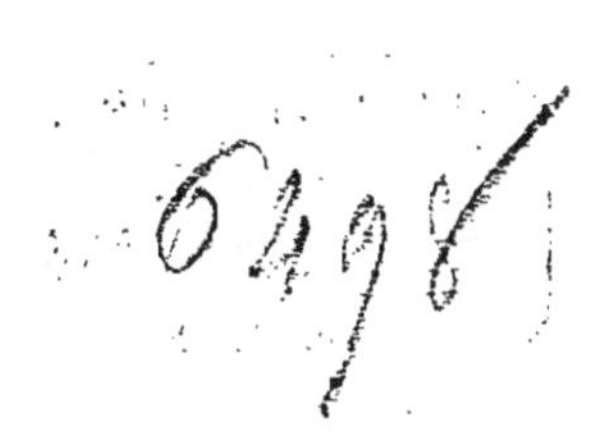

A PARIS

CHEZ J.-B. DUMOULIN

Libraire de la Société des Antiquaires de France

13, QUAI DES GRANDS-AUGUSTINS

—

1875

LOUIS-CHARLES DE BELLEVAL

MARQUIS DE BELLEVAL

Né à Abbeville (Somme), le 16 mars 1814, Louis-Charles de Belleval, marquis de Belleval, s'était occupé, très-jeune encore, d'histoire et d'archéologie; mais ces études, toutes locales, n'avaient pas franchi le cercle restreint dans lequel il avait limité ses recherches. Membre de plusieurs sociétés savantes, correspondant du ministère de l'instruction publique pour les travaux historiques, conseiller municipal d'Abbeville et président de la commission du musée, telles étaient les seules fonctions qu'il eût acceptées, quand survint la révolution de 1848.

Le département de la Somme était appelé à nommer ses représentants. Malgré sa santé déjà mauvaise, malgré une paralysie partielle des jambes, n'écoutant que son patriotisme, M. de Belleval s'était fait transporter dans le sein de l'Assemblée où allait se discuter la nomination du comité électoral. Les avis étaient partagés, les passions ardentes se faisaient jour et la cause de l'ordre pouvait être gravement compromise, quand il se décida à prendre la parole. L'autorité de son nom, de sa vie sans tache lui valurent aussitôt les sympathies d'un auditoire turbulent, dans lequel étaient représentées toutes les classes de la population.

Les accents éloquents qu'il sut trouver dans son cœur si honnête, si dévoué au bien du pays, émurent à tel point l'assistance, que la fin de la séance ne fut plus pour lui qu'un triomphe auquel sa modestie ne put le soustraire. J'évoque ici l'un des plus lointains souvenirs de mon enfance, mais l'impression que je ressentis en voyant mon père rapporté chez lui *sur les épaules* de ceux qu'il venait de haranguer et au bruit d'acclamations enthousiastes, est de celles que les années ne sauraient ni effacer ni même amoindrir. Nommé, séance tenante, président du comité électoral de l'arrondissement d'Abbeville, M. de Belleval voyait ratifier le lendemain, par la voix populaire, la nomination des collègues qu'il lui avait suffi de désigner, et, quelques jours après, il refusait d'accepter le mandat de représentant que sa ville natale voulait lui conférer.

En 1850, à la suite de douloureux événements de famille, M. de Belleval quittait Abbeville pour toujours et venait se fixer à Paris. Mis en relation avec M. Alfred Nettement, alors directeur de l'*Opinion publique*, avec M. le comte Albert de Circourt, qui prêtait à ce journal le concours de sa plume savante, il ne tarda pas à s'unir à ces deux éminents écrivains par les liens d'une amitié que la mort seule pouvait rompre. Accueilli par eux avec l'estime et la bienveillance qu'imposaient son talent et son caractère, il appartint aussitôt à la rédaction de l'*Opinion publique*, et y débutait, le 28 mars 1851, par un article sur le *Camille Desmoulins* de M. Ed. Fleury. S'il n'épargna rien pour que ce début fût heureux, il est juste de dire que l'hospitalité du journal fut large et généreuse, et que l'on mit à sa disposition autant de place qu'il en pouvait souhaiter.

On était aussi politique en 1851 qu'aujourd'hui, et l'on était peut-être plus littéraire en ce sens que l'on consacrait plus de temps et de soin à la discussion des œuvres de l'intelligence. Je n'en veux d'autre preuve que la large part faite à M. de Belleval, dans une feuille qui se partageait avec l'*Union* la faveur d'un grand parti. Les lecteurs étaient loin de se plaindre, puisqu'une note de M. Alfred Nettement, publiée le 22 mai, était ainsi conçue : « A partir du mois de juin prochain, le feuilleton de l'*Opinion publique* sera réservé trois fois par mois à son Bulletin bibliographique, qui deviendra ainsi une revue exacte, complète et raisonnée de tous les ouvrages qui seront publiés en France. L'*Opinion publique* a confié ce travail si intéressant à M. de Belleval, dont les lecteurs ont déjà pu apprécier la collaboration. »

Éparpillée, dès son origine, dans les diverses parties du journal, sous forme de feuilletons et de variétés, la critique littéraire de M. de Belleval prenait son rang et son titre. Cette première phase de son œuvre, dans laquelle il se peint tout entier comme politique, comme penseur et comme chrétien, s'étend du 28 mars 1851 au 3 janvier 1852. Dans une série de quarante-trois articles, qui sont de remarquables études, il ne passe pas en revue moins de cent trente-sept ouvrages.

A propos de Camille Desmoulins, c'est ainsi que M. de Belleval jugeait les révolutionnaires de notre époque : « A nos neveux, donc, le récit de nos mesquines aventures : Si nous voulons parler de révolutions et de révolutionnaires, les types ne nous manquent pas... Puis, scruter l'histoire de notre première révolution ou plutôt du commencement de la nôtre, c'est scruter la nôtre même. Seulement nous trouvons là des statures plus hautes, des caractères plus franchement dessinés, plus audacieux, plus oseurs, qui meurent et ne fuient pas. Pas moins de haine, sans doute, mais moins d'hypocrisie. Quant aux idées, elles ont tout au plus revêtu un costume nouveau. Cherchez bien sous les modernes oripeaux, vous découvrirez à coup sûr les sordides haillons de 1793 ! »

L'homme qui avait attaqué avec une violence inouïe la royauté, qui avait écrit : « La royauté est une forme de gouvernement détestable ; » celui qui avait trempé ses mains dans le sang d'un roi-martyr ne pouvait trouver grâce devant M. de Belleval. Son long travail reflète le juste sentiment de réprobation que doit inspirer à tout cœur honnête le spectacle d'une belle intelligence mise au service de la plus criminelle des causes. Pourtant M. de Belleval lui tient compte de son retour tardif à la vérité. « Que n'a-t-il mis plus tôt son incontestable talent au service de la sainte cause de l'humanité? » se demande-t-il, et il se répond à lui-même par cette remarquable pensée : « Hélas! comme le coursier de l'hippodrome antique, tout homme doit tourner une borne dans sa vie avant de revenir sur ses pas. »

Un autre livre, *Peuple et Roi*, qui a eu son heure de vogue, puisqu'il avait l'audace, en pleine République, de reconnaître quelque mérite aux institutions du passé, à cette royauté qui transmit à la Révolution la France agrandie et prospère, fournissait à M. de Belleval une occasion toute naturelle de faire profession de la foi politique qui devait l'accompagner jusque dans la tombe. La liberté que l'on invoque, il la définit ainsi : « Liberté de tout dire, liberté de tout faire. » Aussi applaudit-il chaleureusement à l'idée du livre, conforme à la sienne, qui est : « D'établir l'union intime du roi et du peuple, leurs intérêts parfaitement identiques, le caractère non despotique, mais protecteur, de la monarchie française, et sa haute mission d'initiative et de progrès; de montrer la vénération et la reconnaissance unanimes dont les classes, en faveur desquelles s'accomplissait la transformation graduelle de la société, entourait le souverain. » Plus loin, il dit : « La royauté est, non pas le fruit du suffrage aveugle de tel jour et de telle heure, et d'un vote inévitablement dérisoire, mais l'autorité fondée, consentie et définie par les traditions séculaires d'un pays. » Parlant du peuple de Paris, qui savait alors aimer ses rois et les défendre, il s'écrie, en rappelant l'ordonnance singulièrement libérale de saint Louis : *Li borjois se governeront selon ce qu'il lor plera,* « et il leur plut, pendant des siècles, de combattre pour leurs princes, de mourir, au besoin, à leurs côtés. » Nous savons, hélas! ce qui leur plaît aujourd'hui. En sont-ils plus heureux? Je me permettrai d'en douter. C'est, enfin, ainsi qu'il termine : « Quel homme de bonne foi refuserait de croire que nos rois étaient et seraient encore les gardiens de nos libertés générales? Cependant, à la ferme et prudente initiative qui a présidé aux transformations successives décrites par l'histoire, nous avons préféré les bouleversements périodiques, les expériences démoralisatrices et ruineuses et le travestissement de la vieille France en démocratie. Il en est résulté l'état glorieux où nous sommes et les progrès qu'il n'est que trop facile de prévoir. Aucune nation n'a été plus cruellement confondue depuis ce peuple orgueilleux qui entreprit d'édifier Babel! »

Je viens de donner un aperçu de l'opinion que
M. de Belleval professait sur la Révolution et sur
la royauté. Pour qui voudra se rendre un compte
exact de cette intelligence d'élite, de ce cœur loyal
rempli seulement d'aspirations nobles et géné-
reuses, il ne sera pas sans intérêt de connaître sa
pensée sur une institution qui appartient désormais à l'histoire, sur la noblesse. Tous ceux qui
l'ont connu lui rendent aujourd'hui cet hommage
que sa modestie égalait son talent. Nul ne tirait
moins vanité que lui d'un nom et d'un titre. Il
disait : « Un nom, n'est-ce pas un héritage qu'on
a reçu pur de ses pères et qu'on veut transmettre
également sans tache à ses enfants? N'est-ce pas
un frein qui réprime souvent les désirs mauvais,
les passions désordonnées? On y regarde à deux
fois avant de forligner. Elle est bien vraie la vieille
devise de chevalerie : Noblesse oblige! »

Quand, dans un langage touchant, mon père
m'envoyait sa bénédiction paternelle au moment
où je me joignais à ceux qui, en 1870, s'enrôlaient
volontairement pour défendre la patrie, il se sou-
venait sans doute des lignes qu'il traçait encore
dans le même article, à propos des « publications
destinées à perpétuer le souvenir des races nobles
et des services qu'elles ont rendus à la patrie. On
leur a assez reproché leurs priviléges : il est juste
qu'on voie un peu que le plus fréquent, le plus
aimé de tous ces priviléges, ce fut celui de verser
leur sang sur tous les champs de bataille d'où la

France sortait à chaque fois et plus grande et plus forte. » Le seul orgueil de mon père en pareille matière, et qui ne le partagerait avec lui, était de se rappeler alors que parmi ses ascendants, onze d'entre eux, depuis Poitiers jusqu'à Fontenoy, étaient morts au champ d'honneur pour le pays.

Si, du domaine de la politique, nous passons à celui de l'éducation et de la famille, voici ce qu'écrivait M. de Belleval le 22 mai 1851, à propos de l'enfant : « Le germe des qualités les plus précieuses, des plus redoutables défauts, repose en quelque sorte endormi dans le cœur de l'enfant; c'est à celui qui l'élève de savoir étouffer les uns, fortifier les autres. De la taille et de la greffe du jeune arbre dépendent les fruits amers ou savoureux qu'il portera plus tard. N'épargnons aucun soin pendant que la sève vigoureuse peut être utilement dirigée; c'est un travail de chaque jour, de chaque heure, il est vrai, mais qui porte avec lui sa récompense. N'est-ce donc pas une douce rémunération que ce jeune et frais amour qui répond à vos soins, que cette tendre confiance qui entr'ouvre de petits cœurs prêts à s'élancer vers le vôtre ? Il faut, vis-à-vis de l'enfance, déployer un caractère aussi juste que doux, aussi ferme que caressant; il faut surtout donner l'exemple. Les petits enfants sont souvent nos juges sans que nous nous en doutions. En veillant sur eux, n'oublions jamais de veiller sur nous-mêmes; pénétrons-nous bien de l'idée que l'éducation est un sacerdoce. »

Ne voilà-t-il pas une page charmante, soit qu'on la juge avec l'indépendance du critique ou avec le pieux respect d'un fils? J'ajouterai que pour mon père la théorie était ici inséparable de la pratique.

En parcourant ces feuillets déjà jaunis, nous apprenons comment commence la carrière littéraire du marquis de Belleval : par une déception. Combien d'écrivains devenus célèbres en diraient autrement, mais combien aussi en trouverait-on pour en parler avec cette souriante philosophie?

Au moment où tous les regards étaient tournés vers la Péninsule Ibérique, la seule des régions européennes où la royauté légitime luttât les armes à la main contre la marée montante de l'idée révolutionnaire, il lui vint à l'idée d'étudier l'histoire de l'Espagne, de ce peuple si profondément déchu de son antique splendeur. Condé avait publié son *Histoire de la domination des Arabes en Espagne*. M. de Belleval se passionna pour cette période de l'histoire d'une grande nation. Ce livre favori, « celui que nous feuilletâmes chaque jour, à toute heure, notre bréviaire historique en un mot, » il entreprit de le traduire, avec une large introduction, des notes et des commentaires. « Notre traduction touchait à sa fin quand nous parvînmes à découvrir un éditeur qui voulût bien se charger de la publier. Tout alla d'abord à merveille. Les épreuves succédaient aux épreuves ; elles venaient avec une admirable régularité nous trouver jusque sous nos grands ombrages de Normandie où nous les corrigions, lorsqu'un jour elles cessèrent, à plus des deux tiers de la besogne, de nous arriver. Hélas ! notre phénix des éditeurs avait disparu : il était parti pour je ne sais quelle Belgique, et avec lui toutes nos feuilles tirées, le fruit de deux années de labeur et de patience !... Le coup était rude, et cependant, après les premiers moments donnés aux regrets, il n'en resta pas dans notre cœur le moindre grief contre les Arabes qui nous avaient valu ce chagrin. Bien mieux, nous continuâmes de porter le plus vif intérêt à ce qui concerne leur histoire : tant il est vrai que le plus tenace des amours, c'est l'amour malheureux ! »

Tel fut, sans doute, le motif pour lequel M. de Belleval, renonçant aux travaux de longue haleine que ne comporte pas la dimension d'un journal, ne fit plus que de la critique littéraire ; il n'avait pas à chercher d'éditeurs et il n'avait plus à craindre de les voir disparaître. Il se sentait d'ailleurs tout à fait propre à juger les autres, car il n'avait ni passion ni parti pris. Sa théorie de la critique est renfermée dans ce principe : « Nous faisons plus que de respecter, nous aimons les convictions, même les plus ardentes, chez nos adversaires ; mais ce respect que nous professons pour les opinions d'autrui, nous le voulons aussi pour les nôtres. Souvent la violence du langage a nui aux causes les plus justes, jamais elle ne leur fut utile. »

Partant de là, sa critique fut toujours loyale et modérée, et il nous a été impossible, dans le cours de ses volumineux travaux, de relever un seul mot amer, même quand il s'agissait d'écrits ou de personnalités qui lui étaient essentiellement antipathiques.

Affichant hautement ses sentiments, mais sans ostentation, il convenait volontiers qu'il en fût ainsi pour un chacun : c'est ainsi que, dans un langage élevé, il dépeint l'état de l'église et de la religion catholique qui devait consoler sa vie et ses derniers moments : « Ce monument aussi n'est point l'œuvre de l'homme. De cette pyramide immense qui monte vers le ciel, une main divine a posé les fondements ; le sang d'un Dieu a cimenté les premières assises, celui des martyrs a fait le reste : et l'Église, comme aux jours de sa création, est jeune et forte, et domine de toute sa hauteur les événements qui s'agitent à ses pieds. Rocher que ne peut submerger aucune tempête, elle demeure à travers le vaste océan des âges et des révolutions. Elle seule, dans ce monde où tout change rapidement, elle est immuable parce qu'elle est éternelle. C'est là le sceau, l'empreinte qui dénonce le mieux sa céleste origine, c'est le fait éclatant qui devrait donner le plus à réfléchir à ceux qui se proposent de diriger leurs bras sur elle, le phénomène qui devrait ouvrir les yeux les plus obstinément fermés à la lumière. Il n'en est pas ainsi, cependant. A chaque génération, un flot nouveau se soulève qui vient assaillir la barque de Pierre; l'onde la frappe; un nuage d'écume l'environne, des cris de triomphe se font entendre; puis bientôt on se tait, car la brume s'est dissipée, et l'on voit de nouveau l'esquif du pêcheur fendre de sa proue victorieuse les vagues pacifiées, esquif dont la course ne finira qu'avec le temps. »

M. de Belleval a dit : « Aucune feuille ne jaunit et ne tombe plus vite que la feuille du journal : quelque travail que demande un article, il a le sort de la rose de Malherbe, il ne vit qu'un matin. » C'est pourtant parmi ces articles, soigneusement conservés, que j'ai puisé les couleurs dont j'ai chargé ma palette; c'est avec eux, par eux que je retrace, en le laissant parler pour moi, le portrait de celui que l'on a appelé « un homme de grand mérite, un homme de bien. »

Je terminerai mes citations par un aperçu politique qui s'applique si bien à notre époque que je ne puis résister au désir de l'insérer ici. C'était à propos d'une brochure intitulée : *Ce que veut la France*. Selon M. de Belleval, ce que la France voulait, ou du moins ce qu'elle aurait dû vouloir, ce qu'il voulait lui-même pour le pays qu'il aimait avec passion, il va nous le dire : « Depuis la Révolution, le gouvernement est devenu la chose et l'affaire de tous, tous aussi s'en croient la science. Ce que veut la France? Est-ce un césarisme que n'entoure aucun prestige, qui ne s'étaie dans le passé que sur des fautes, ne montre en perspective, en admettant un triomphe d'un jour, que des impossibilités ou des déchirements? Est-ce le socialisme avec ses mirages trompeurs dont l'étoffe, bien usée aujourd'hui, montre partout la corde, et qui ne donnerait au pays que des convulsions au lieu de réformes, la ruine et la mort au lieu de la fortune et de la vie? Non. Ce que la France réclame avant tout, c'est le repos, c'est le calme, c'est la grandeur, c'est la force qui ne naissent, à l'intérieur comme au dehors, que d'un gouvernement stable, d'une légalité respectée de tous, la même pour tous, et dont les mailles serrées ne peuvent être traversées par l'ambition d'un despotisme quel qu'il soit, qu'il tende à s'exercer au nom de la liberté ou sous l'abri du glaive. Un gouvernement stable? Mais sur quoi se fonde un tel gouvernement? Quelle est la base assez assurée pour l'asseoir? Des croyances, des mœurs, des habitudes même et des penchants, une administration saine et régulière, surtout et avant toutes choses un principe qui défie les entreprises et les coups de main. Dans de telles conditions, une minorité, quand elle est résolue, peut réussir et imposer un gouvernement nouveau. »

Le dernier article de M. de Belleval dans *l'Opi-*

nion publique parut le 7 janvier 1852. Avec le journal prenait fin cette revue bibliographique « entreprise, — ainsi que le disait M. Nettement, — par un écrivain qui prend un intérêt de cœur à la diffusion des bons ouvrages, aux travaux de la librairie française et aux recherches des amis de la saine littérature. » Elle avait « rempli une lacune importante dans la publicité du journal et répondu aux besoins du plus grand nombre des abonnés de l'*Opinion publique*. » Un tel éloge, sorti d'une plume aussi autorisée, était toute la récompense que M. de Belleval ambitionnait.

Le parti royaliste était désormais privé de l'un de ses principaux organes. C'est alors que M. de Belleval conçut la pensée de compenser cette perte par la création d'un grand journal politique et littéraire. Nous avons assisté à l'enfantement de cette entreprise, et quoique encore bien jeune, nous fûmes frappé des difficultés de toute nature qu'elle suscitait. Les soucis et les fatigues de cette direction devaient être tels pour mon père que sa santé en fut fortement ébranlée, et qu'il aggrava ainsi les germes de la maladie qui l'emporta après de longues années de souffrances.

Profondément attaché au principe de la légitimité, intimement convaincu que le roi pouvait seul donner au pays la force et la grandeur qui lui manquaient, et lui assurer les libertés indispensables, M. de Belleval avait été frappé par la nécessité de restreindre les compétitions monar-

chiques et de fondre en un seul les partis roya-
listes pour les opposer avec plus de succès à l'Empire qui renaissait et à la République qui pouvait
renaître. Son grand bon sens lui démontrait que
la fusion des deux branches de la Maison de Bour-
bon serait un immense pas fait vers la Restaura-
tion, et que la presse, arme à deux tranchants,
instrument aussi propre à édifier qu'à détruire,
était appelée à y jouer un rôle décisif. Il s'agissait
de choisir un terrain sur lequel les hommes politiques, les écrivains, toutes les personnalités mar-
quantes de la monarchie traditionnelle et de la
royauté de Juillet pussent se rencontrer, se reconnaître, dissiper des préventions exagérées,
d'injustes défiances, et travailler à l'œuvre com-
mune de réconciliation. Aucun terrain n'était dans
sa pensée plus propre que celui d'une revue pour
abriter cette sorte de Congrès littéraire de la paix
et de la concorde.

On admirerait un homme qui, pressé d'édifier
sa maison, serait à la fois, et à lui seul, son propre
terrassier, son maçon et son architecte. Il ne faut
donc pas marchander l'éloge à celui qui, par le
dévouement le plus désintéressé à son prince, osa
concevoir une semblable œuvre, osa l'entreprendre à lui seul, avec ses propres forces, et avec ses
ressources personnelles, et sut enfin la mener à
bien ; car, pour continuer la comparaison, ce ne
fut qu'après avoir bâti l'édifice, après l'avoir meu-
blé, après y avoir vécu, qu'il en fit don gratuite-

ment à un autre, lequel se hâta de le dénaturer,
et, pour parler vulgairement, de décrocher l'en-
seigne.

Le passage de M. de Belleval à l'*Opinion publique*,
ses travaux de critique l'avaient déjà fait connaître, mais ne lui avaient créé qu'un nombre très-
restreint de relations personnelles dans la république des lettres. De ce côté, tout était à faire.
Si cette partie morale de l'entreprise, si je puis
parler ainsi, était ardue et délicate, la partie ma-
térielle ne l'était pas moins.

Trop fier et trop généreux pour subordonner à
une question d'argent ce qu'il regardait comme
l'accomplissement d'un devoir, il puisa dans sa
bourse, sans inviter ses amis politiques à y déposer leur obole. Il tentait la fortune sans engager
d'autre responsabilité que la sienne. Tant d'autres auraient songé aux actionnaires avant de
songer aux rédacteurs !

Peut-être façonnait-il la poignée de l'épée
avant de savoir s'il trouverait une lame à sa taille :
en somme, le jour où la barque fut à flot, le jour
où le vent souffla dans les voiles, il pouvait se dire
avec une légitime joie qu'elle lui appartenait depuis la quille jusqu'à la pomme du mât.

La *Revue contemporaine* était fondée, mais au
prix de combien d'efforts et de sacrifices ! L'appel de M. de Belleval avait été entendu : il ouvrait
nn nouveau débouché au courant littéraire, et le
flot s'y précipita. Les rédacteurs affluèrent, les

manuscrits s'amoncelaient sur la table du directeur, mais la caisse restait vide. Quand parut son
premier numéro, la revue ne comptait presque
pas un seul abonné.

La *Revue contemporaine* n'était pas seulement la
filleule de M. de Belleval, elle était bien sa fille ;
mais, plus fortunée que les enfants qui passent
leur vie à rechercher un père, outre un père légitime avant sa naissance, elle comptait encore un
père adoptif. « Notre fille, » disait en parlant
d'elle M. le comte de Marcellus, dont la tendresse
ne se démentit jamais pour l'enfant de son choix.
M. de Marcellus, esprit fin, cœur ardent, nature
généreuse, s'était tout d'abord lié avec mon père
d'une amitié qui allait bien au delà de la confra-
ternité littéraire et politique. Ces deux âmes d'é-
lite étaient faites pour s'entendre.

M. de Marcellus admira l'entreprise et en sai-
sit aussitôt le but élevé et la portée. Payant de sa
personne, recrutant presque de force parmi ses
amis des collaborateurs et des abonnés, il n'épargna au directeur ni ses réprimandes ni ses con-
seils. L'apparition du premier numéro, tant dé-
sirée, lui donne la fièvre. Je n'ai ici que l'embarras
du choix parmi les lettres qu'il adressait à mon
père chaque jour, et même plusieurs fois par jour.

« J'insiste beaucoup pour que votre premier
numéro contienne les noms de deux académiciens, Mérimée, Salvandy ou autres. Il faut subordonner le paraître à cette condition essen-

tielle. » M. de Marcellus, chacun le sait, avait le culte de l'Académie; hors de l'Académie, point de salut. Et pourtant lui aussi devait mourir avant d'avoir atteint la terre promise. « On me fait une objection sur le titre : Pourquoi « contemporaine » quand la plupart des articles sont rétrospectifs? on me demande aussi impérieusement moins de matière que les autres revues, qui font des volumes, et en ont l'ennui comme le poids : à demain le reste ! »

Or, ceci était écrit le 2 avril 1852 et la Revue devait paraître le 15 : la composition et le tirage étaient presque terminés, et le terrible père réclamait pour sa fille un autre nom et au moins deux parrains de l'Académie. Aussi le 16, le lendemain du grand jour, nouvelle lettre et reproches amers. C'est au cercle qu'il a vu la première livraison, et ses collègues ne la trouvent ni chatoyante ni bien vêtue. Une Revue royaliste doit avoir meilleure façon : elle ne doit pas, pour ses vêtements, se borner à égaler la *Revue des Deux-Mondes,* il faut qu'elle dépasse la *Revue de Paris.* La collaboration des écrivains de la rive gauche est à ce prix :

« Je vous renvoie le reproche que l'on m'a adressé, jusqu'à m'impatienter, sur notre papier, nos caractères et nos espacements, si inférieurs de tout point à la *Revue des Deux-Mondes,* et surtout à la *Revue de Paris.* Je sais que la première en triomphe et annonce encore pour elle-même de plus beau papier et de meilleurs caractères. Je vous répéterai tout ce que l'on m'a dit, et le refroidissement marqué que le vêtement et la forme n'ont pu épargner au contenu. Il faut, sous peine de mourir en naissant, nous relever de cet échec, et jeter aux yeux des lecteurs, dans le second numéro, toute la poudre que nous leur destinions et qui est restée en magasin. Je vous avoue que ce désagrément est tel, pour moi, que j'aurai beaucoup de peine à obtenir de M. X... la continuation de ses confidences. Il exige, pour rémunération, que ses mémoires soient lisibles et en caractères pareils au moins à ceux que donne la *Revue de Paris*, et, en second lieu, mieux habillés dorénavant. Le jeune marquis de Z... m'avait promis des articles, mais la médiocre apparence de la première livraison compromet tout. Faisons peau neuve. Je suis fort attristé de tout ceci. »

L'on jugera par cela des difficultés d'un début, des soucis, des déboires sans nombre, quand on saura que M. de Marcellus était de tous les collaborateurs de la nouvelle Revue le plus bienveillant, que c'était, en un mot, un véritable ami. Les critiques dont il se faisait l'écho, peut-être un peu trop complaisant, n'étaient pas absolument dénuées de fondement, il faut le reconnaître. La première livraison était peu séduisante à l'œil, mais ce n'était qu'un ballon d'essai, et le fond aurait dû disposer à plus d'indulgence pour la forme. Après une large introduction du P. Ventura, dont la parole éloquente attirait le public et les fidèles, on remarquait : *Séjour en Russie*, par M. de Caraman ; *Pétrarque et son siècle*, par Viennet ; les *Méprises de l'amour*, comédie en vers, par Emile Augier ; la *Ligne et la couleur*, histoire d'atelier, par A. de Bernard ; critique, les *Symptômes littéraires de notre époque*, par A. de Pontmartin ; beaux-arts, la *Vénus de Milo*, par le comte de Marcellus ; *Salon de* 1852 et *les Théâtres et les Arts*, par Alphonse de Calonne. Sous le pseudonyme de Frédérick, qui signait le Monde et les Salons, se dissimulait M. Henri de Pène, qui débutait dans la carrière littéraire, où il devait se faire si rapidement une large et belle part.

Dans sa première lettre, le diplomate helléniste disait : Votre *Revue ;* dans la seconde : Notre *Revue ;* dans la troisième : Notre fille. « — J'ai besoin de vos lettres, — écrit-il le 17 mai 1852, — pour me croire encore de quelque service à la *Revue*, dont nous avons fait notre fille adoptive, et que nous cherchons à marier richement. » Les détails matériels continuent à le préoccuper ; il réclame : « La pagination au coin et le titre courant de l'article au milieu de chaque page. » Il voudrait un bulletin bibliographique « court, technique, précis, et comme une annonce des livres nouveaux ; six à huit lignes après l'ouvrage indiqué, non de sentences, comme dans la *Revue des Deux-Mondes*. » Bientôt il revient à ses moutons de prédilection : « Il nous faudrait encore deux

articles d'académiciens ailleurs que sur la cou-
verture. »

S'il songe à collaborer lui-même, c'est avec la
crainte que ses souvenirs diplomatiques « d'il y a
trente ans, tout rétrospectifs qu'ils soient, ne
touchent encore de trop près à la politique. Je
vous en ferai juge, et si vous ne craignez pas de
risquer le paquet, je serai prêt. » En attendant, il
recrute des abonnés et des rédacteurs. Il a été
voir à la campagne M. de Lamartine. « Mon historique voisin ; j'ai insisté en votre nom sur la
promesse de quelques vers. Il est tout entier à la
prose et m'a engagé à ne pas la lire, car elle me
déplairait. Je lui ai obéi. » Cet intérêt passionné
pour une création qui n'était pas la sienne ne devait pas se démentir un seul jour, tant que M. de
Belleval en conserva la direction, et, lorsqu'en
1854 il dut la donner à une autre, M. de Marcellus
lui écrivait : « Mes sentiments pour vous vont
beaucoup plus loin que la littérature. »

Si le *genus irritabile* est trop souvent vrai, il devait ne l'être pas dans ces circonstances, car ceux
que M. de Marcellus appelait « *les pachas de la
littérature* », répondirent avec la plus exquise
courtoisie à l'appel de M. de Belleval. J'en trouve
la preuve à chaque page d'une volumineuse cor-
respondance, plus de onze cents lettres émanant
de tout ce que Paris et la France renfermaient
d'illustrations littéraires, qui attestent la considé-
ration que mon père avait su conquérir, l'atta-

chement qu'il avait su inspirer et qui faisait dire de lui à un écrivain dont s'honore la France : « *Il y a trois sortes de littérateurs : l'homme de lettres, le gentilhomme de lettres, espèce plus rare, et enfin le grand seigneur de lettres, et celui-là c'est M. de Belleval.* »

M. Désiré Nisard, l'illustre académicien, écrivait à M. de Belleval : « Je ne puis que vous remercier de l'occasion que vous me donnez de dire à l'homme aimable et distingué que j'ai rencontré autrefois au journal *l'Opinion publique,* le bon souvenir que j'ai gardé de lui. »

Le Père Gratry le félicitait en ces termes : « Je suis d'autant plus heureux d'apprendre le projet que vous avez conçu que, moi-même, j'exhortais vivement mes amis à s'occuper d'une pareille entreprise. Il y a très-certainement là une belle place à prendre, votre œuvre me semble indispensable, et de nature à obtenir un grand succès. Vous savez sans doute mieux que moi ce que sont les grandes Revues anglaises, qui deviennent une puissance pour leurs fondateurs : c'est une telle Revue qu'il nous faut. »

Vient ensuite M. Cousin : « J'ai toujours du plaisir à m'entretenir avec vous : cela n'ôte rien au vif et sérieux intérêt que m'inspire votre belle entreprise ; j'y applaudis de tout mon cœur. Pour moi, je vieillis et suis plus propre à vous admirer qu'à vous servir. » Laissons parler à son tour M. le comte de Salvandy : « J'approuve vive-

ment le but que vous vous proposez ; je n'approuve pas moins la manière dont vous le pré-
sentez à l'examen et à l'adhésion du public. Le
public français est-il en situation de vous com-
prendre et surtout de vous soutenir ? Les idées
sans les faits, dans cette grande déroute des idées
à laquelle nous assistons, offrent-elles une chance
sérieuse de succès ? J'en doute beaucoup, même
avec votre talent comme garantie et votre nom
comme drapeau. Mais, comme on s'enrôle, non
pas selon les chances de succès, mais d'après la
bonté de la cause, je serai tout à votre disposition et m'estimerai fort heureux de pouvoir en
quelque chose, et à un degré quelconque, par-
tager avec vous les chances et les honneurs de la
lutte. »

Il me faudrait, si je voulais tout citer, dépasser
de beaucoup les limites dans lesquelles je suis
obligé de restreindre cette étude. J'ai pris au ha-
sard, mais je vois, au bas d'autres lettres aussi
flatteuses, tous les noms dont s'honore l'histoire
politique et littéraire de notre temps. La publication, judicieusement faite, de cette correspon-
dance serait la plus curieuse biographie des con-
temporains écrite par eux-mêmes. Je ne ferai
donc plus qu'une seule exception en faveur d'une
belle lettre de M. Berryer. L'illustre orateur
s'excuse de ne pouvoir rien donner à la Revue :
il ne sait pas écrire, lui qui sait si bien parler, et
le jugement qu'il porte sur lui-même et sur les

hommes et les choses de son temps mérite d'ap-
partenir à l'histoire.

« Ainsi que je vous l'ai dit, il n'y a rien dans
mes cartons qui mérite d'être publié; la nature
même des travaux qui ont rempli très-activement
ma vie entière ne m'a pas permis de me livrer aux
soins d'une rédaction supportable pour les lecteurs. Je n'ai jamais eu les loisirs nécessaires à
un écrivain, et ce que j'ai pu obtenir de succès
dans les luttes animées de la tribune et du barreau
ne m'a point donné la présomption de me croire
doué d'un talent littéraire. J'ai toujours gardé un
profond respect pour le public, et si le pressant
intérêt des discussions auxquelles j'ai été appelé,
si le sentiment du devoir et de l'honneur ne m'a-
vaient dominé et entraîné, j'aurais bien rarement
cru pouvoir prendre la parole. Après quarante
années de cette vie d'orateur, je ne saurais encore
me présenter devant un auditoire sans une pro-
fonde émotion, sans une très-sincère défiance de
moi-même. On pardonne à l'improvisation ses in-
corrections, ses témérités, ses négligences; elles
seraient intolérables à des lecteurs. Vous m'ex-
cuseriez de ne pas répondre à votre honorable
appel si vous aviez le secret de toutes les inquié-
tudes, de toutes les difficultés que je trouve dans
la préparation du discours que je dois présenter
à l'Académie. Cependant vous voudriez annoncer
dans votre *Revue* que vous allez y donner place à
mes souvenirs personnels. Ce titre promet trop.

Quoique je me sois trouvé mêlé aux affaires de mon temps, je n'ai point été dans une position assez élevée et assez influente pour pénétrer bien avant dans la marche des événements et dans la conduite des hommes : les secrets d'Etat ne m'ont pas été confiés, et quelque nombreux que soient mes souvenirs, je n'ai rien à apprendre au public qui puisse être de quelque intérêt pour lui. Je lis d'ailleurs tous les jours sur les choses que j'ai vues et sur les personnes que j'ai connues des récits et des jugements si peu conformes à ce que j'ai cru être la vérité, que j'en suis venu à craindre de ne mettre au jour que de grossières erreurs, tout en rendant le compte le plus fidèle de ce que mes yeux et mes oreilles m'ont appris. Que si nous vivons en ce moment dans une des phases de l'activité humaine durant lesquelles le mensonge triomphe, les illusions dominent, le bon sens est égaré, je pense qu'il est sage de laisser passer ces nuages et d'attendre le retour de la lumière et des réalités. »

Dans une lettre qu'il adressait à l'un de ses collaborateurs, M. de Belleval définissait ainsi le but de son œuvre : il fondait la *Revue* « pour maintenir l'influence de la droite spiritualiste et légitimiste dans la sphère littéraire. » Il voulut, dans le principe, étendre cette influence jusqu'à la sphère politique, mais le gouvernement impérial lui refusait l'autorisation de déposer le cautionnement prescrit, et le ministre de l'intérieur lui notifiait, à la date du 4 décembre 1852, qu'il n'y avait pas lieu de traiter dans la *Revue* les questions de politique et d'économie sociale. Le gouvernement redoutait la portée d'un recueil signé des noms les plus illustres; mais il comprenait si bien l'importance du point d'appui que cette base pouvait lui offrir, qu'il devait se hâter, dès que la *Revue* fut passée en d'autres mains, de se l'attacher et de lui donner, en 1855, cette autorisation qu'il lui refusait en 1852.

Ce contre-temps fâcheux, qui ruinait une partie des espérances de M. de Belleval, en le forçant à restreindre dans de plus étroites limites l'action bienfaisante et moralisatrice qu'il se proposait d'exercer, n'abattit pas son courage. Mgr le comte de Chambord lui avait adressé, sur ces entrefaites, ce précieux témoignage de satisfaction et d'intérêt :

« Venise, 6 février 1853.

« Je lis assidûment la *Revue contemporaine*, monsieur, et je veux vous dire ici combien je suis heureux de voir des hommes éminents, des écrivains distingués s'y donner rendez-vous pour défendre, de concert avec la double autorité de la raison et du talent, les grands principes sur lesquels repose l'ordre social tout entier.

« Quoi de plus utile, surtout dans ces temps de triste défaillance où toutes les notions du vrai et

du faux, du juste et de l'injuste, sont confondues,
que de rappeler au pays, qui semble l'avoir oublié,
que la royauté est l'œuvre des siècles, et non d'un
jour d'anarchie et de révolte; que nul empire ne
peut subsister sans la tradition monarchique; que
c'est la monarchie qui a fait la France grande,
forte, compacte; que la France s'est toujours per-
sonnifiée dans ses rois; que la politique du pouvoir royal, rétabli après nos malheurs, a été constamment noble, digne, respectée; que les lettres
ont refleuri à l'ombre tutélaire de la royauté traditionnelle succédant au despotisme impérial;
enfin, que c'est avec justice que l'histoire flétrit
les excès monstrueux des tyrans révolutionnaires,
et qu'elle rend un douloureux et touchant hommage à la sainte mémoire de leurs augustes et
innocentes victimes. Or, tels sont les graves et
salutaires enseignements que font entendre, dans
l'excellente feuille périodique que vous dirigez,
les auteurs des remarquables articles auxquels je
viens de faire allusion. Je les en remercie bien
sincèrement, pour ma part, et je suis charmé de
pouvoir vous assurer vous-même, monsieur, de
ma vive gratitude et de toute mon affection.

« Henri. »

Impuissant à faire tomber les barrières dressées
devant lui ou à les franchir, M. de Belleval s'ap-
pliqua avec une certaine témérité à côtoyer d'aussi
près que possible les limites du terrain défendu.

C'est ainsi qu'il publia sous ce titre : *Cromwell sera-t-il roi ?* un fragment de l'*Histoire de la Révolution d'Angleterre* de M. Guizot, alors en cours de publication. Les circonstances prêtaient au titre une signification que ne démentait pas le fond du travail : ce fait fut alors remarqué comme un trait d'audace. Il fut suivi de bien d'autres, qui ne provoquèrent pourtant aucun acte de rigueur contre la Revue, malgré que le désir ne manquât pas au ministère de constater un flagrant délit d'illégalité. Mon père en avait été officieusement averti.

La réputation de cette Revue, qui avait si franchement arboré le drapeau de la religion et de la royauté légitime et son succès s'affirmaient chaque jour davantage. Il suffit de feuilleter la collection de la Revue pendant la direction de M. de Belleval pour se convaincre de l'importance et de la valeur des travaux qui y furent publiés. Les vœux de M. de Marcellus étaient exaucés et au delà, puisque là où il aurait voulu voir un ou deux académiciens, il pouvait contempler l'Académie presque tout entière.

Mais la santé de M. de Belleval, déjà profondément altérée, inquiétait sa famille et ses amis. Le jour vint où il fallut aller demander à l'air natal un soulagement à de cruelles souffrances. Ce ne fut pas sans un profond chagrin qu'il remit à d'autres mains la direction et l'avenir de son œuvre : j'en fus témoin, et je fus également témoin des regrets unanimes que cette résolution excita dans le monde des lettres. Mon père voulut écrire à chacun de ceux qui lui avaient apporté le concours de leur talent. Je l'ai surpris parfois, depuis, relisant les lettres émues et sympathiques qui lui furent adressées de toutes parts en cette circonstance. Les journaux, en annonçant sa retraite, lui rendirent alors, comme ils l'ont fait récemment sur sa tombe, un témoignage qui adoucit l'amertume de la séparation. Mgr le comte de Chambord lui écrivait enfin cette lettre qui le récompensait de tous ses labeurs, qui l'indemnisait de tous ses sacrifices.

« Frohsdorf, 30 avril 1854.

« Vous savez déjà, monsieur le marquis, que j'ai considéré dès l'origine la création de la *Revue contemporaine* comme un service rendu à la France, et dont le mérite est encore relevé à mes yeux par les sacrifices que vous vous êtes généreusement imposés pour consolider cette œuvre naissante et en assurer l'existence. Je regrette que des motifs impérieux vousobligent à en abandonner aujourd'hui la direction. Mais vous n'avez voulu la confier qu'à des mains aussi dignes que capables de continuer ce que vous avez si heureusement commencé.

« Vous n'avez pas hésité pour cela à faire un dernier sacrifice. C'est une nouvelle preuve de dévouement et de zèle dont je suis vivement touché. Je ne doute pas que votre fils, héritier de tous vos sentiments, ne suive toujours vos nobles traces et ne se montre constamment, à votre exemple, un modèle d'honneur et de fidélité. Je me félicite de pouvoir vous réitérer ici l'expression de ma gratitude et de ma bien sincère affection.

« HENRI. »

Après un trop court repos, malade encore, mais ne pouvant supporter l'inaction, M. de Belleval revint peu à peu, et à plusieurs reprises, dans ce Paris qu'il aimait, et où il vécut sans interruption de 1859 à 1870. M. de Riancey, directeur de l'*Union*, lui offrit l'hospitalité de son journal, et le chargea de la critique littéraire. La première Lettre d'un Bibliophile parut le 9 janvier 1856. Sa collaboration, très-active au début, ne tarda pas à se ralentir ; elle se compose de 52 longues lettres, faites avec le soin, la conscience et la modération qu'il regardait comme les qualités essentielles du critique. La dernière porte la date du 9 mai 1867.

Ces études, paraissant à des intervalles plus ou moins éloignés, ne lui suffisaient plus : il venait d'entreprendre un travail gigantesque, auquel il se donnait tout entier, avec l'activité fiévreuse qui était un des traits saillants de son esprit, prompt à concevoir, plus prompt encore à exécuter. Il se mit à recueillir dans tous les dépôts d'archives publiques et privées, dans nos bibliothèques nationales tous les documents, manuscrits, toutes les chartes, depuis les temps les plus reculés jusqu'au seizième siècle, se rapportant à l'histoire du Ponthieu ou Basse Picardie, qui comprenait à peu près les arrondissements actuels d'Abbeville et de Montreuil, et dont Abbeville, sa ville natale, est la capitale. Chemin faisant, il dressait une table de la volumineuse collection des chartes et diplômes de Moreau, et en faisait généreusement présent à la Bibliothèque de la rue de Richelieu, dans laquelle cette précieuse collection était conservée.

Devenu rapidement très-expert dans l'art de lire couramment les écritures du moyen-âge, il n'avait pas amassé moins de 25,000 copies de chartes quand éclata la guerre de 1870. Forcé d'interrompre un travail auquel il avait dévoué le reste de sa vie, avec lequel il se proposait d'ériger un monument à la gloire de sa province, M. de Belleval retourna dans son château de Bois-Robin où il eut la douleur de voir pénétrer nos vainqueurs. Il n'en devait plus sortir. C'est de là qu'il adressait au journal *le Soir*, où il venait d'entrer en qualité de critique littéraire, de nouvelles Lettres d'un Bibliophile : c'est là qu'il est mort, le 31 mai 1875, âgé de soixante-et-un ans. C'est là qu'il repose, après avoir vécu la vie d'un homme de bien, après avoir bien mérité ces paroles prononcées sur sa tombe devant une nombreuse assistance : « Fervent chrétien, écrivain éminent, bon pour les malheureux, bon pour tous, le marquis de Belleval était chéri, vénéré par tous. Tout le monde ressent sa perte, et son souvenir vivra éternellement parmi ses concitoyens. »

J'ajouterai, en terminant, sans crainte d'être démenti, qu'il avait su marquer sa place dans l'histoire littéraire de notre temps, et que, dans le monde des lettres, son nom respecté survivra à l'oubli.

RENÉ DE BELLEVAL.

Paris. — Typ. PILLET fils aîné, 5, rue des Grands-Augustins.

PARIS. — IMPRIMERIE DE PILLET FILS AINÉ

5, RUE DES GRANDS-AUGUSTINS